3
m. 60.

GÉNÉALOGIE

DE LA MAISON

DE BEFFROY,

*Extraite du tome premier des Archives généalo-
giques et historiques de la Noblesse de France,*

Par M. LAINÉ.

PARIS,

IMPRIMERIE DE BÉTHUNE, RUE PALATINE, N.° 5.

1828.

DE BEFFROY.

Seigneurs DE LA COUR DE BEFFROY, DE VRIZY, DE LA GRÈVE, DE GERMONT, DE BEAUREPAIRE, D'HAUDRECY, DE NOVION, DE VAUX-LÈS-RUBIGNY, DE VAUDANCOURT, DE LOGNY, DE CRÉVECŒUR, DE SAUCEUILLE, DE SERVION, DE HAVY, D'HARDONCEL, DE REMILLY, etc., *seigneurs, barons* DE MONTIGNY, D'EQUAUCOURT, DE LA HÉRIE et D'OLIZY, *en Champagne.*

ARMES : *De sable, au lion d'argent, lampassé et armé de gueules, ayant la queue passée entre les jambes.* Couronne de marquis. Tenants : deux sauvages, appuyés sur leurs massues.

La maison DE BEFFROY, d'origine militaire et d'ancienne extraction, a toujours tenu rang parmi la principale noblesse de la province de Champagne, soit par son ancienneté et la pureté de ses alliances, soit par la continuité de ses services et la nature de ses possessions seigneuriales. Les auteurs qui ont voulu remonter jusqu'au berceau de son origine, ne s'accordent pas dans leurs opinions. Les uns la croient originaire d'Allemagne, et descendue de la maison *de Beffrid;*

d'autres (1) conjecturent qu'elle est une branche de l'illustre maison de Bauffremont, dont le nom, jusqu'au xvᵉ siècle, s'est orthographié *de Beffroymont ;* d'autres enfin (2) pensent qu'elle est originaire d'Angleterre, où la singularité qu'on remarque dans la pièce principale de ses armoiries se rencontre fréquemment (3).

Depuis plus de 400 ans, cette maison n'a pas cessé de suivre, sans aucune interruption, la carrière des armes. Elle a fourni des officiers supérieurs distingués, et s'est alliée aux maisons d'Aguin, d'Argy, d'Apremont, des Ayvelles, de Bohan, du Bois-d'Escordal, de Bois-lel, de Boutteville, de Brodart, de Carameau, de Charpentier-d'Audron, de la Chaussée, de la Chevardière, de Dalles, d'Escannevelles, de Fontaine, le Fournier de Neuville-Wargemont, de Fresneau, de la Grève, de Gruel, de Guy-de-Haudanger, d'Harzillemont, des Laires, de la Majorie, de Marmont, de Maubeuge, de Montbeton, de Montezay, de Pavant, de Prévot, de Roucy, de Roujoux, de Saint-Germain, de Sandras, de Verneuil, de Vignacourt, de Villiers de Barbaize, de Vissec de la Tude, etc.

Les titres de la maison de Beffroy établissent sa filiation d'une manière littérale et suivie depuis Raoulin, dont on va parler.

I. Raoulin DE BEFFROY, écuyer, seigneur de Vrizy et de Coigny, acquit, par acte du mois de juin 1422, de Girard de Senlis, et de Jeanne sa femme, un jardin nommé de *Chanteraine,* situé à Vendy, en Rethelois,

---

(1) M. Guiblet, garde des généalogies de la Bibliothèque du Roi.

(2) M. Clairembault, généalogiste des ordres du roi, dans un mémoire succinct sur la maison de Beffroy, qu'il envoya, le 21 janvier 1754, à M. le comte de Vergennes, ministre des affaires étrangères, à l'occasion du marquis de Beffroy, capitaine au régiment de Brancas. Son sentiment sur l'origine de cette maison paraît résulter de la mention que fait ce généalogiste d'un Thomas de Beffroy, archer de la garde anglaise, duquel il sera parlé après l'article de Raoulin de Beffroy, son père.

(3) La position de la queue du lion, qui n'est pas usitée dans le blason français.

avec une pièce de pré, le tout tenu en fief du seigneur
de Vendy. Gobert d'Aspremont, chevalier, comme
seigneur dominant, reçut à foi et hommage Raoulin de
Beffroy. Cette acquisition et l'hommage qui la suivit,
sont rappelés dans des lettres que le roi Charles VI
accorda, le 23 juin 1449, à Gobert de Beffroy, son fils.
Raoulin avait épousé *Poncette*, qui lui survécut, et se
remaria avec Guyot Asselin, mort en la même année
1449. Raoulin de Beffroy en avait eu, entre autres
enfants, deux fils :

1°. Gobert, dont l'article viendra ;

2°. Thomas de Beffroy, l'un des archers de la garde à cheval de
la nation anglaise, qui se trouva à la défense du château de
Gournay en 1436. (*Mémoire conservé aux manuscrits de la
Bibliothèque du Roi*). Il a eu pour fils :

Simonnet de Beffroy, archer de la compagnie d'hommes
d'armes des ordonnances du roi, sous M. de Blosset,
en 1488, puis, sous M. de Clèves, en 1498 (*ibid.*), mort
au service sans postérité.

II. Gobert DE BEFFROY, écuyer, seigneur de Vrizy,
de Montigny, de la Cour de Beffroy, et autres lieux,
naquit vers l'année 1390. Après la mort de Raoulin de
Beffroy et de Gobert d'Aspremont, Jean de Crévecœur, époux de Marguerite de Nesle, comme seigneur
en partie de Vendy, revendiqua l'hommage que Gobert
de Beffroy devait à la seigneurie de Vendy, à raison
d'un jardin et d'un pré que Raoulin de Beffroy, son
père, avait acquis, en 1422, de Girard de Senlis; et le
même Jean de Crévecœur mit sous sa main ces biens-
fonds, que Gobert tenait en fief. Celui-ci, dans une
supplique au roi Charles VI, exposa que, depuis plus
de vingt ans, son père et lui avaient joui de ces biens
sans aucune contestation de la part de Jean de Crévecœur, et que l'hommage en avait été rendu par son
père à Gobert d'Aspremont. Par lettres du 23 juin
1449, le roi donna ordre au premier huissier du parlement de faire lever la saisine que Jean de Crévecœur,
seigneur de Vendy, avait mise sur ces biens, et d'en
remettre en possession Gobert de Beffroy, à la charge par
celui-ci d'en faire foi et hommage audit de Crévecœur.

(Titre original aux archives de M. de Courcelles, côté 5533). Gobert de Beffroy avait épousé Hélène, dame DE LA GRÈVE et en partie de Coigny, fille de Gatinet de la Grève, avec laquelle Gobert vivait en 1440. * Ces époux sont rappelés, le 10 avril 1468, dans le partage de leurs successions, entre leurs enfants, qui furent, savoir :

DE LA GRÈVE : douze carreaux d'argent ; chacun chargé d'une moucheture d'hermine de sable

1°. Gilbin, dont l'article viendra ;

2°. Simon de Beffroy, écuyer, seigneur de Montigny, qui porta témoignage avec d'autres gentilshommes, pour Poncelet de Warigny, lorsque celui-ci fit hommage à l'archevêque duc de Reims, le 20 avril 1503, pour les fief, terre et chevalerie de Warigny (1). Simon a eu pour fils :

> Jean de Beffroy, *dit* de Montigny, seigneur baron de Montigny, chevalier de l'ordre du Roi, guidon de la compagnie d'ordonnance du duc de Bouillon, ainsi qualifié, le 8 octobre 1578 *, dans le contrat de mariage de Ferri de Beffroy, son cousin, écuyer, seigneur de la Grève, de Sauceuille, etc., avec damoiselle Guilaine des Ayvelles. Ledit Jean de Beffroy est mort célibataire ;

3°. Béatrix de Beffroy, mariée avec Jean *de Montbeton* (a), écuyer, seigneur de Selles ;

4°. Marguerite de Beffroy, épouse de Mangin, *dit* Maillard *de Marmont* (b), écuyer, homme d'armes des ordonnances du roi.

III. Gilbin DE BEFFROY, écuyer, seigneur de la Grève, de Vrizy, etc., partagea les successions de ses père et mère, avec Simon de Beffroy, son frère, Béatrix et Marguerite de Beffroy, ses sœurs, représentées par leurs maris, par acte passé devant Bossux, notaire à Attigny, le 10 avril 1468 *. Par deux autres actes des 16 septembre et 15 novembre 1470 *, Gilbin

---

* Tous les actes marqués de ce signe sont ceux que la maison de Beffroy a produits, en mai 1668, devant M. de Caumartin, intendant de Champagne. Les actes qui n'ont point d'astérisque sont extraits, ou des archives de la famille, ou de sources qui seront indiquées dans des notes subséquentes.

(1) Titres de la maison de Warigny, produits devant M. de Caumartin, intendant en Champagne, au mois de septembre 1670.

(a) *de Montbeton :* écartelé, aux 1 et 4 d'azur, à la cloche d'argent ; aux 2 et 3 de gueules, à la bande d'or.

(b) *de Marmont :* d'azur, à la bande d'argent.

de Beffroy, écuyer, fit hommage, pour la partie de la terre de Coigny qu'il possédait du chef de sa mère, à honorée damoiselle Jeanne de la Grève, dame de Coigny, et fournit un dénombrement, le 8 mai 1508 *, au seigneur d'Haudrecy. Dans cet acte est nommée damoiselle Marie DES AYVELLES, femme de Gilbin de Beffroy, issue d'une maison d'ancienne chevalerie des Ardennes; et tous deux sont rappelés, le 11 mai 1544 *, dans l'acte de partage des biens de leurs successions, entre leurs enfants, qui furent :

> DES AYVELLES : d'argent au sautoir de gueules, cantonné de quatre merlettes de sable.

1°. Pierre, Ier du nom, dont l'article viendra ;
2°. Claude de Beffroy, mariée avec Laurent *d'Escannevelles* (a), écuyer, seigneur de Warby ;
3°. Béatrix de Beffroy, femme de Gérard *d'Harzillemont* (b) écuyer, seigneur de Vrizy en partie, issu d'une branche puînée de l'illustre maison de Châtillon-sur-Marne, apanagée de la terre d'Harzillemont, vers la fin du quatorzième siècle (1). Béatrix, étant veuve, transigea, le 5 août 1568 (2), avec Ponsart de Beauvais, écuyer, seigneur d'Autrûche, époux d'Antoinette d'Harzillemont, sœur de Gérard ;
4°. Guiotte de Beffroy, mariée avec Nicolas *des Laires*, écuyer, seigneur de Montgon ;
5°. Bonne de Beffroy, femme de Garlache, seigneur *de Bohan* (c) en Ardennes, puîné des anciens sires d'Orchimont, qu'une vieille tradition fait descendre de la maison de Luxembourg. Il était fils de Simon, seigneur de Bohan, et de N..... de Manimont (3).

IV. Pierre DE BEFFROY, Ier du nom, écuyer, seigneur de la Grève, de Sévricourt et de Sauceuille, épousa, par contrat de 1527 *, damoiselle Marie DE SAINT-GERMAIN, fille de Rasset de Saint-Germain, écuyer, seigneur

> DE SAINT-GERMAIN : d'azur à la fasce d'or, accompagnée en pointe d'un croissant d'argent.

---

(1) Histoire de la maison de Châtillon, par André Duchesne, in-folio, pages 694 et 698.
(2) Acte produit par MM. de Beauvais devant M. de Caumartin, intendant en Champagne, au mois d'août 1667.
(3) Production faite devant l'intendant de Champagne au mois de mars 1670, par la maison de Bohan.

(a) *d'Escannevelles-Warby* : de sable, à 3 croissants d'argent, bien ordonnés, surmontés de 3 billettes rangées du même.
(b) *d'Harzillemont* : de gueules, à 3 pals de vair ; au chef d'or, chargé de 3 merlettes de gueules.
(c) *de Bohan* : de sable, à la bande d'or, accostée de deux cotices du même.

de Sévricourt et de Sauceuille, et de damoiselle Marie
de Cuignio. Par acte passé devant Petit et Verdelot,
notaires en Rethelois, le 1er mai 1528, Pierre de Beffroy
aux droits de Marie de Saint-Germain, sa femme, con-
courut au partage des successions des père et mère de
cette dame avec Geoffroi de Saint-Germain, écuyer,
Christophe de Vaux, écuyer, seigneur d'Escordal, au
nom de Nicole de Saint-Germain, sa femme, et messire
Raoul de Cuignio, prêtre, tuteur d'Antoine de Saint-
Germain, tous enfants et héritiers de Rasset de Saint-
Germain et de Marie de Cuignio. Pierre de Beffroy
comparut au ban et arrière-ban de la noblesse de
Champagne, suivant un acte du bailliage de Vitry, du
17 mars 1540 *. Le 11 mai 1544 *, par acte passé devant Talentuy et Joltrin, notaires en Rethelois, il
partagea les successions paternelle et maternelle avec
Laurent d'Escannevelles, écuyer, mari de Claude de
Beffroy, Gérard d'Harzillemont, écuyer, époux de
Béatrix de Beffroy, et plusieurs autres cohéritiers. Par
acte du 18 septembre 1572, Pierre de Beffroy, de
concert avec Hugues et Tristan de Failly, frères,
fournit aveu et dénombrement au duc de Nevers, comte
de Rethel, pour la terre seigneuriale de Sauceuille; et,
le 10 octobre 1572 *, le même Pierre de Beffroy et Marie
de Saint-Germain firent foi et hommage, par procureur,
au comte de Rethelois, à raison de la même terre seigneuriale de Sauceuille, mouvante du château de
Rethel. Ces deux époux vivaient encore, dans un âge
avancé, le 11 septembre 1576 *. Leurs enfants furent :

1°. Ferri, dont l'article viendra ;
2°. Henri de Beffroy, écuyer, seigneur de la Grève, époux de
　　Damoiselle Marie *de la Chaussée* (a). De ce mariage est
　　issue
　　　　Antoinette de Beffroy, mariée avec F. *de Vignacourt* (b),

---

(a) *de la Chaussée :* d'azur, semé de besants d'argent ; à 3 besants
d'or, brochants.
(b) *de Vignacourt :* d'argent, à 5 fleurs de lys nourries de gueules.

écuyer, seigneur de Montgon, d'une ancienne et illustre maison de chevalerie, originaire de Picardie, laquelle a donné deux grands-maîtres à l'ordre de Saint-Jean de Jérusalem. Il était fils de Jean de Vignacourt, écuyer, seigneur de Warnecourt, de Touligny, etc., et de Jeanne des Laires, dame en partie de Montgon ;

3°. Jeanne de Beffroy, mariée avec Charles *de Villiers* (a), seigneur de Vrizy ;

4°. Béatrix de Beffroy, mariée avec Christophe *des Laires*, écuyer, seigneur de Montgon. Lui ayant survécu, elle a eu la garde noble de ses enfants mineurs, et a transigé, le 1er février 1580, avec Nicole de Vaux, veuve de Valentin de Savigny, écuyer ; (1)

5°. Nicole de Beffroy, mariée avec Jean *de Carameau*, écuyer, seigneur de Remilly, de Neufmaison, de Belloy, etc.,

6°. Perrette de Beffroy, mariée avec Noël *d'Escannevelles*, écuyer, seigneur de Coigny.

V. Ferri DE BEFFROY, écuyer, seigneur de la Grève, de Sauceuille, de Novion, de Provisy, de Crévecœur, de Coigny, etc., homme d'armes de la compagnie des ordonnances du Roi sous la charge du duc de Lorraine, fut fondé de procuration, par ses père et mère, le 11 septembre 1576 *, par acte passé devant Jean Fransquin, notaire au bailliage de Vitry. Le 8 octobre 1578 *, par contrat passé devant le même notaire, en présence, premièrement, de Marie de Saint-Germain, mère de Ferri, et veuve de Pierre de Beffroy (des biens duquel l'inventaire avait été dressé, le 7 août * de la même année, par les notaires Chastelain et Fransquin) ; secondement, de Jean de Beffroy, *dit* de Montigny, son cousin, chevalier de l'ordre du Roi, guidon de la compagnie d'ordonnance du duc de Bouillon, et aussi de plusieurs gentilshommes, ses parents, Ferri de Beffroy épousa Guilaine DES AYVELLES, fille de François des Ayvelles, écuyer, seigneur en partie des Ayvelles, de Clavy, des Laires, de Chalendry et autres lieux, lieutenant au gouvernement des terres souveraines de Château-Regnault et de Lin-

---

(1) Production faite devant M. de Caumartin par la maison des Laires, en février 1668.

(a) *de Villiers* : de sable, semé de fleurs de lys d'argent.

champs , et de damoiselle Aliénor de Vaillant. Guilaine des Ayvelles fut assistée au contrat par son père , et eut pour témoins , Jacques , seigneur de Martines , gouverneur des mêmes terres souveraines , Jacques d'Ambly, écuyer, seigneur des Ayvelles , Charles de Saint-Vincent , écuyer, seigneur de Létanne , et Pierre de Saint-Vincent , écuyer, seigneur de Rogiénart , homme d'armes de la compagnie du duc de Guise. Par acte du 24 juillet 1581 *, passé devant Savarre et Hourry, notaires en Vermandois , à la résidence de Launoy, Ferri de Beffroy fit un partage des biens de la succession de son père , et de ceux dont Marie de Saint-Germain, sa mère, lui avait fait donation, le 18 du même mois de juillet 1581 *, avec Béatrix de Beffroy, sa sœur , veuve de Christophe des Laires , écuyer, seigneur de Montgon , Jean de Carameau , écuyer, seigneur de Belloy, à cause de Nicole de Beffroy, sa femme, et autres cohéritiers. Ferri de Beffroy fit quelques acquisitions féodales en 1605 , et fournit à la duchesse de Nivernais, dame du Rethelois, l'aveu et dénombrement du fief du Gué-la-Comtesse , situé au terroir de Sauceuille ; lequel fief lui était advenu par la mort de Philippe d'Escannevelles , écuyer, son neveu. Le 8 mai 1613 (1), Guilaine des Ayvelles et ses deux fils Philippe de Beffroy, gentilhomme de la chambre du prince de Conty et gendarme de sa compagnie , et Pierre de Beffroy, écuyer, seigneur de Sauceuille , assistèrent au contrat du mariage de Charles d'Aguerre , écuyer, seigneur de Cours, de Bercy et de Juzancourt, avec Françoise des Ayvelles , fille de François des Ayvelles , chevalier, seigneur d'Escordal , de Clavy, de Launoy et de Mesmont , gouverneur des terres souveraines de Château-Regnault et de Linchamps, et d'Anne d'Estourmel. Du mariage de Ferri de Beffroy avec Guilaine des Ayvelles , sont provenus :

1°. Melchior de Beffroy, chevalier, seigneur de la Gréve , époux

---

(1) Acte produit devant M. de Caumartin , par la maison des Ayvelles , en mars 1669.

de Marie *de Sandras*, lequel est décédé avant l'année 1612, laissant une fille :

Catherine de Beffroy, mariée, par contrat du 7 mai 1633 (1), passé devant Tugot et Lepage, notaires, en Vermandois, avec Robert *de Villiers*, chevalier, seigneur de Barbaize, fils d'Antoine de Villiers, IIe du nom, écuyer, seigneur de Barbaize et de Pouilly, homme d'armes des ordonnances du Roi, et de Marie du Pont du Chesne ;

2°. Philippe de Beffroy, chevalier, seigneur de la Grève, gentilhomme ordinaire de la chambre de M. le prince de Conty. Comme fils aîné de feu Ferri de Beffroy, et agissant, tant en son nom, qu'en celui de Guilaine des Ayvelles, sa mère, de Pierre de Beffroy, l'aîné, de François de Beffroy, l'aîné, de François de Beffroy, le jeune, ses frères, et au nom de ses sœurs, il fournit, le 16 août 1612 *, le dénombrement de la terre de la Grève, au seigneur d'Haudrecy (d'Arras) ;

3°. Pierre, IIe du nom, l'aîné, dont l'article viendra ;

4°. François de Beffroy, l'aîné, chevalier, seigneur de Crévecœur, lieutenant-colonel du régiment de Dannevoux, brigadier des armées du roi, tué au service de S. M. à Montbelliard, en 1632. Il n'a pas laissé de postérité ;

5°. François de Beffroy, le jeune, doyen du chapitre de Rozoy-sur-Serre. Par acte du 5 novembre 1638 *, passé devant Pasquier, notaire au bailliage de Sainte-Menehould, François de Beffroy, tant en son nom que pour Philippe et François d'Argy, écuyers, seigneurs d'Haudrecy, ses neveux, Pierre de Beffroy, chevalier, seigneur de la Grève, capitaine au régiment de Bussy-Lameth, Jean de Beffroy, chevalier, seigneur de la Grève, capitaine au régiment de Dannevoux, tant pour lui que pour Philippe de Beffroy, chevalier, seigneur de Sauceüille, son frère, Gaucher de Fontaine, écuyer, seigneur de Rouy, représentant Perrette de Beffroy, sa femme, Jean d'Aguisy, au nom de Marie de Beffroy, sa femme, Antoine d'Argy, au nom de Charlotte de Beffroy, sa femme, et Anne de Beffroy, dame de Novion, partagèrent noblement les biens de feu Guilaine des Ayvelles, leur mère et aïeule ;

6°. Pierre IIe, le jeune, auteur de la branche des *seigneurs* DE LA GRÈVE DE SAINT-MARCEL, *etc.*, rapportée à son rang ;

7°. Perrette de Beffroy, femme de Gaucher *de Fontaine* (a), écuyer, seigneur de Rouy, en Picardie ;

8°. Marie de Beffroy, mariée, par contrat du 6 septembre 1626 (2), passé à la Grève, devant Payot, notaire royal, avec Jean *d'Aguisy* (b), chevalier, seigneur de Mainberson, de Logny,

---

(1) Production faite par la maison de Villiers de Barbaize, en juillet 1668.

(2) Produit devant l'intendant de Champagne, par la maison d'Aguisy, en décembre 1668.

(a) *de Fontaine* : d'or, à 3 écussons de vair, bordés de gueules ; le grand écu ayant une bordure du même émail.

(b) *d'Aguisy* : d'argent, à 3 merlettes de sable, les 2 en chef affrontées.

d'Herbigny, etc., fils d'Antoine d'Aguisy, seigneur de Mainberson, gendarme de la garde du roi, sous la charge de M. de Thevalles, et de damoiselle Jacqueline de Warigny ;

9°. Anne de Beffroy, dame de Novion, qui vivait en 1611 et 1638 ;

10°. Charlotte de Beffroy, mariée, par contrat du 27 juillet 1625(1) passé devant Lavigeon et Fransquin, notaires royaux en la prevôté de Sainte-Menehould, avec antoine *d'Argy*, écuyer, co-seigneur d'Haudrecy et de Maréssal, premier capitaine, puis colonel au régiment de Bussy-Lameth et brigadier des armées du roi, fils de Regnault d'Argy, écuyer, seigneur d'Haudrecy, capitaine de la ville et prevôté de Warcq, et de Françoise d'Escannevelles ;

11°. Marguerite de Beffroy, femme de Nicolas *d'Argy*, écuyer, seigneur d'Haudrecy, frère d'Antoine d'Argy : elle est nommée, dans l'acte de création de tutelle de ses enfants, rendu au bailliage de Rethel le 14 mai 1627. (2)

VI. Pierre DE BEFFROY, l'aîné, IIe du nom (2), chevalier, seigneur de la Grève et de Sauceuille, assista, le 9 septembre 1611 *, avec ses frères et sœurs à la clôture de l'inventaire des biens de la succession de son père, dressé le 1er mars de la même année *, par Pasquier, notaire au bailliage de Vitry, et Pilliers, son adjoint, à la requête de Guilaine des Ayvelles, veuve de Ferri de Beffroy. Pierre IIe, nommé dans le dénombrement de la terre de la Grève, fourni par Philippe de Beffroy, son frère aîné, le 16 août 1612 *, épousa, par contrat du 20 mai 1615 *, passé devant Desjardins, notaire au bailliage de Vitry, au ressort de Sainte-Menehould, damoiselle Claude DE PAVANT (d'une des premières maisons de Champagne, descendue des anciens vicomtes héréditaires de Busancy, en Soissonnais), fille de Charles de Pavant, chevalier, seigneur de Taisy, de Puisieux, de Broussy et autres lieux, et de Marie de Sons. Claude de Pavant, veuve de Pierre II de Beffroy, fut pourvue, par acte du bailliage de Sainte-Menehould, daté du 11 septembre 1617*,

---

(1) Actes produits par la maison d'Argy, en 1668.

(2) La branche aînée de la maison de Beffroy, seigneurs de Germont et de la Grange-aux-Bois, a produit ses titres et a été maintenue dans sa noblesse, par ordonnance, en date du 18 avril 1641, de M. Nicolas Bretel de Grémonville, intendant de Champagne.

de la garde noble de Jean, son fils mineur, et de l'enfant dont elle étoit enceinte, et Philippe de Beffroy, son beau-frère, écuyer, seigneur de la Grève, fut nommé curateur. Claude de Pavant se remaria, par contrat (1) passé devant Collot et Houdiette, notaires au bailliage de Vitry, le 20 janvier 1620, avec messire Jean de Montguyon, écuyer, seigneur de Germont, gentilhomme ordinaire de la chambre du roi, capitaine commandant de quatre compagnies du régiment de Quatre-Champs, etc. Elle avait eu de Pierre de Beffroy, son premier mari :

1°. Jean de Beffroy, chevalier, seigneur de la Grève et de Grimauza, capitaine au régiment de Dannevoux, infanterie, suivant sa commission du 6 mars 1638 *; lequel épousa, par contrat du 6 mars 1639 *, passé devant Gobert, notaire à Savigny, damoiselle Marie *d'Aguin*, fille de feu Pierre d'Aguin, écuyer, seigneur de Nérac, et de damoiselle Magdelaine de Condé. De ce mariage sont issus :

    A. Robert de Beffroy, écuyer, seigneur de la Grève, qui, après avoir servi dans les chevau-légers de la compagnie de M. de Pavant, son cousin, au régiment Royal-Roussillon, a été nommé, par le roi, lieutenant des gardes du corps, et est mort en activité de service, sans avoir été marié ;

    B. Charles-Claude de Beffroy, écuyer, capitaine de chevau-légers dans le régiment de Balavoir, mort en activité de service, sans postérité ;

    C. Madelaine de Beffroy ;

    D. Anne de Beffroy ;

    E. Marie de Beffroy ;

    F. Claire de Beffroy ;

    G. Elisabeth de Beffroy ;

2°. Philippe, dont l'article suit.

VII. Philippe DE BEFFROY, chevalier, seigneur de Sauceuille, de Germont et autres lieux, naquit posthume. Il fut cornette, puis capitaine dans le régiment de Gesvres, et fut maintenu dans sa noblesse, ainsi que son frère aîné et tous les chefs des autres branches de sa famille, par jugement de M. Le Fèvre de Caumartin, intendant en Champagne, daté de Chaa-

---

(1) Produit au mois de juin 1670, par la maison de Montguyon.

lons-sur-Marne, le 20 juillet 1668, d'après la vérifi-
cation des titres qu'ils avoient produits le 21 janvier
1667 *. Philippe avait été représenté par Jean de Beffroy, son frère aîné, dans le partage de la succession
de Guilaine des Ayvelles, leur aïeule, et s'était marié
le 5 mai 1640 *, suivant acte passé devant Jean Gobert,
notaire royal, avec damoiselle Catherine DE FRÉSNEAU,
fille de Nicolas de Fresneau, écuyer, seigneur de Beaurepaire, de Cierges, de la Grange-aux-Bois, de Cour-
bon et autres lieux, et de damoiselle Marie de Sons.
De ce mariage sont provenus :

DE FRESNEAU : d'azur, à la fasce d'argent, chargée d'un lion léo- pardé de sable, lampassé et armé d'or, et accom- pagné de 6 écus- sous d'argent, rangés 5 en chef et 3 en pointe, ceux-ci posés 2 et 1.

>1°. Louis de Beffroy Ier dont l'article viendra ;
>2°. Hélène de Beffroy, femme de Charles *de la Chevardière* (a),
>   écuyer, seigneur de la Motte, de la Cour, etc., d'une ancienne
>   maison originaire de Bretagne, fils de François de la Chevar-
>   dière, écuyer, seigneur de la Motte, et de Christophe de Serpes
>   d'Escordal ;
>3°. Amélie de Beffroy ;
>4°. Victorine de Beffroy ;
>5°. Hyacinte de Beffroy ;
>6°. Adélaïde de Beffroy ;
>7°. Eugénie de Beffroy.

VIII. Louis DE BEFFROY, Ier du nom, chevalier, seigneur de Germont, de Cierges, de la Grange-aux-
Bois, etc., capitaine commandant au régiment Royal-
Roussillon, cavalerie, chevalier de l'ordre royal et militaire de Saint-Louis, épousa, par contrat du 1er avril
1693, passé devant Jean Frison, notaire royal au bailliage de Vitry, résidant à Busancy, damoiselle Juvine
DE ROUJOUX, d'une famille noble, originaire d'Ecosse,
fille de messire Jean de Roujoux, écuyer, capitaine de
la milice de Sedan, et d'Elisabeth Maréchal. De ce
mariage sont issus :

DE ROUJOUX : d'azur, à trois ro- ses d'argent à dextre en pal, et deux épées d'or à senestre passées en sautoir.

>1°. Louis IIe du nom, l'aîné, dont l'article viendra ;
>2°. Paul Valentin de Beffroy, chevalier, seigneur de Germont,
>   de Vaudancourt et de Mercy-le-bas en Lorraine, lieutenant
>   dans le régiment de Royal-Roussillon. Il épousa : 1°. damoi-

---

(a) *de la Chevardière* : d'argent, au rameau de fougère de sinople.

selle Françoise *d'Aspremont*, (*a*) fille de Thomas d'Aspremont, chevalier, seigneur de Saint-Marcel, de Corbon, de
Villé-devant-Orval, etc.; 2°. en l'année 1733, damoiselle
Catherine - Gabrielle *de Montezay*, originaire de Lorraine,
fille de Louis de Montezay, écuyer, seigneur de Vaudremont,
et de dame Jeanne-Françoise de Saint-Yon; Il a laissé :

    A. Louis-Paul de Beffroy, chevalier, seigneur de Germont,
        page du roi, ensuite lieutenant dans le régiment de
        Fleury, cavalerie ;
    B. Marie-Antoinette-Martine de Beffroy ;

3°. Louis de Beffroy, le jeune, écuyer, co-seigneur de Germont,
qui a épousé damoiselle Bastienne *de Dalles* (*b*), fille de messire Charles de Dalles, écuyer, seigneur de Beaurepaire, et
de damoiselle Charlotte des Laires. De ce mariage sont
issus :

    A. Paul-Louis de Beffroy, chevalier, page du roi, mort
        sans postérité ;
    B. Charlotte-Louise de Beffroy ;

4°. Marguerite de Beffroy, mariée avec Nicolas *de Failly*, (*c*)
écuyer, seigneur de Chémery et autres lieux ;

5°. Marie de Beffroy, femme de Louis-Alexandre *de Pousort*,
écuyer, seigneur de Vaux-lès-Mouzon.

IX. Louis DE BEFFROY, l'aîné, IIe du nom, chevalier,
seigneur de Germont, de Cierges, de la Grange-aux-
Bois, etc., capitaine au régiment Royal-Roussillon, cavalerie, épousa, par contrat passé devant Pierre Surlet,
notaire royal à Vouziers, le 30 mars 1726, damoiselle
Elisabeth LE FOURNIER, fille de messire Jean le Fournier, chevalier, baron de Neuville, seigneur d'Olizy,
de la Ferté, d'Equancourt, de Gueschard, de Roton-
villiers, du Tilloy, de Mazerny, de l'hôtel de Bours-
Montmorency, à Abbeville, etc., et de dame Elisabeth
Hervy. Il en a eu cinq fils et deux filles, dont les
noms suivent :

1°. Jean-Louis, marquis de Beffroy, chevalier, seigneur de
    Guerpont, en Lorraine, page de madame la dauphine
    (Marie-Joséphe de Saxe, mère de S. M. Charles X, roi de
    France), puis capitaine au régiment de Brancas, infanterie,

---

(*a*) *d'Aspremont* : de gueules, à la croix d'argent.
(*b*) *de Dalles* : coupé, au 1er bandé d'or et de gueules de huit piè-
ces; au 2 de gueules, à 3 membres d'aigle d'or.
(*c*) *de Failly* : de gueules, à la fasce d'argent, accompagnée de
3 haches d'armes du même.

et gouverneur du château de Gondrecourt, en Barrois. Il épousa Jeanne *de Prévost*, veuve, depuis 1744, de Jean-Baptiste, marquis de Rouvroy, lieutenant-général des armées navales, commandeur de l'ordre royal et militaire de Saint-Louis ;

2°. Paul-Louis-Alexandre de Beffroy, chevalier, page de madame la dauphine, ensuite capitaine au régiment de Brancas, infanterie ;

3°. Louis-Jacques-Marie, dont l'article viendra ;

4°. Nicolas-Louis de Beffroy, chevalier, né et baptisé en la paroisse de Saint-Severin, à Paris, en 1743; agréé, dans son enfance, pour être chevalier de l'ordre de Saint-Jean-de-Jérusalem. Il est mort au service du roi, en octobre 1764 ;

5°. Henri de Beffroy, né en 1745, chevalier de l'ordre de Saint-Lazare, aide-major du régiment Royal, dragons, puis major du régiment d'Orléans de la même arme, nommé chevalier de Saint-Louis, en 1781, en récompense de sa belle conduite pendant les six campagnes de la guerre qui a amené l'indépendance de l'Amérique (1). Il a épousé damoiselle Augustine *de Beffroy*, sa nièce, fille de Louis-Jacques-Marie, marquis de Beffroy, gouverneur de Bourgoin, en Dauphiné, son frère. De ce mariage il n'y a eu aucune postérité ;

6°. Marguerite-Anne-Gédéon de Beffroy, née en 1732, mariée avec M. *de Guy* (a), baron de Haudanger, seigneur de Sorcy, en Champagne, d'une famille noble originaire de la principauté de Neufchâtel, en Suisse ;

7°. Marie-Louise de Beffroy, née en 1736, mariée avec messire Philippe-Albert *le Roy*, seigneur de la Glézière, en Normandie.

X. Louis-Jacques-Marie, marquis DE BEFFROY, chevalier, baron de Equancourt, seigneur d'Olizy, de la Grange-aux-Bois, etc., etc., après avoir été page de madame la dauphine, et capitaine au régiment de Brancas, a été nommé, par le roi, gouverneur de la ville et du château de Bourgoin, en Dauphiné. Il a reçu dans son gouvernement, mesdames les princesses de Savoie, lorsqu'elles sont venues en France pour épouser, l'une S. A. R. Mgr. le comte de Provence, et l'autre S. A. R. Mgr. le comte d'Artois. Peu de temps

---

(1) Cet officier supérieur est représenté dans la belle gravure de la reddition de Conwallis à York-Town, le 18 octobre 1781, avec les chefs qui se sont le plus distingués dans cette guerre si mémorable par ses résultats.

(a) *de Guy de Haudanger :* de gueules, à la croix d'argent, accompagnée aux 1er et 4e cantons de deux molettes d'éperon d'or.

après, à la faveur d'un congé que lui obtinrent les princesses, il se rendit à Paris, et eut l'honneur d'être pré-
senté à Louis XV, de monter dans les carrosses de S. M.,
et de chasser plusieurs fois avec le roi. Louis-Jacques-
Marie, marquis de Beffroy, a épousé Jeanne-Madelaine
DE GRUEL, d'une très-ancienne maison du Dauphiné,
nièce de François de Gruel, comte de Villars, reçu
comte de Lyon en 1750. De ce mariage est issue :

DE GRUEL : de gueules, à trois grues d'argent

Augustine de Beffroy, mariée avec Henri *de Beffroy*, son
oncle, major des dragons d'Orléans (sans postérité).

SEIGNEURS DE LA GRÈVE, DE SAINT-MARCEL, etc.

VI. Pierre DE BEFFROY, le jeune, IIe du nom,
chevalier, seigneur de la Grève, de Saint-Marcel, de
Novion, de Sauceuille, de Crévecœur, de Provisy, de
Logny, du Breuil, de Vaux-lès-Rubigny, etc., capitaine commandant d'une compagnie de cent hommes
au régiment de Bussy-Lameth, en 1637, cinquième fils
de Ferri de Beffroy, écuyer, seigneur de la Grève et
de Sauceuille, et de Guilaine des Ayvelles, assista, le
9 septembre 1611*, à la clôture de l'inventaire de la
succession de son père, dressé par les notaires Pasquier,
et Pilliers son adjoint, le 1er mars de la même année *,
à la requête de Guilaine des Ayvelles, veuve de Ferri
de Beffroy. Pierre de Beffroy, le jeune, nommé dans le
dénombrement de la terre de la Grève, fourni le 16
août 1612 *, au nom de tous les co-seigneurs de cette
terre, par Philippe de Beffroy, son frère, épousa, par
contrat du 29 mai 1634*, passé en présence de ses
quatre frères, devant Deuil, notaire à Aubigny, bailliage de Vermandois, damoiselle Nicole DE SANDRAS,
fille de messire Henri de Sandras, chevalier, seigneur
du Breuil et de Vaux-lès-Rubigny, et de damoiselle Madelaine d'Aguisy. Nicole de Sandras fut assistée au
contrat par son père et par Louis de Sandras, chevalier, seigneur de Pouilly, Nicolas d'Aguisy, chevalier,
seigneur de Mainberson, Louis et François d'Aguisy,

DE SANDRAS : d'argent à trois charbons de sable ardents de gueules.

chevaliers, et Hugues de Lénoncourt, chevalier, seigneur de Saint-Germain. Le 5 novembre 1638 *, Pierre de Beffroy, alors capitaine dans le régiment de Bussy-Lameth, partagea, avec ses frères et sœurs, les biens de Guilaine des Ayvelles, leur mère. Le même Pierre de Beffroy, par acte passé devant Gobereau, notaire, le 16 juin 1646, échangea quelques biens-fonds avec Jacques de Serpes, écuyer. Par jugement de M. de Caumartin, intendant en Champagne, rendu à Chalons-sur-Marne le 20 juillet 1668, Nicole de Sandras, veuve de Pierre de Beffroy (mort au service du Roi), et tutrice de ses enfants, fut maintenue avec eux au catalogue des véritables gentilshommes de cette province. Elle eut huit fils et une fille, savoir :

1°. Henri de Beffroy, chevalier, seigneur de la Grève, mort sans postérité, vers la fin de l'année 1654 ;

2°. François de Beffroy, chevalier, seigneur de la Grève, de Crévecœur, de Sauceuille, de Vaux-lès-Rubigny et de Rûme, qui, tant pour lui qu'au nom de ses frères et de Marie de Beffroy, sa sœur, a fourni, le 8 février 1655 *, à Robert d'Arras, chevalier, seigneur de Haudrecy, de Bobigny, du Châtelet, etc., le dénombrement de la terre de la Grève, qui leur était échue par le décès de Henri de Beffroy, leur frère aîné. Ce même François de Beffroy est mort, sans postérité, capitaine d'infanterie en activité, et à la suite de ses blessures, en septembre 1661 ;

3°. Antoine de Beffroy, chevalier, seigneur de la Grève, de Vaux-lès-Rubigny, du Breuil, de Sion, du Metz, etc., qui, après avoir été enseigné au régiment de Créquy-Liégeois, a été nommé capitaine d'infanterie. Par contrat passé devant Belin, notaire au bailliage de Coucy, le 4 septembre 1667, il a épousé damoiselle Anne *de Boistel* (a), veuve en premières noces de César d'Ostat, chevalier, seigneur de Champs ;

4°. Jean, l'aîné, qui a continué la descendance ;

5°. Pierre de Beffroy, chevalier, seigneur de la Grève, de Saint-Marcel, de Crévecœur, baron de la Héric, chef de brigade et lieutenant des gardes du corps du Roi, par brevet du 1er août 1698, dans lequel il est qualifié d'exempt de la compagnie du maréchal duc de Lorges. Il a épousé : 1°. damoiselle Catherine *de Verneuil* (b), veuve de Pierre de

---

(a) *de Boistel :* d'azur, à la bande d'or, chargée de 3 merlettes de sable, et accostée de 2 lions du second émail.

(b) *de Verneuil :* d'azur, au lion d'or, lampassé, armé et couronné de gueules.

Choisy (1), écuyer, seigneur de Thieblemont, capitaine au régiment de Vernancourt, et fille de François de Verneuil, seigneur
du Plessis, et d'Edmée de Niveneheim ; 2°. par contrat passé
devant Canard, notaire à Guise, le 4 octobre 1699, damoiselle Madelaine *d'Arbois*, (a) qu'il a laissée veuve, le 19
août 1702. De ces deux mariages il n'est provenu aucune
postérité ;

6°. Jean de Beffroy, le jeune, chevalier, seigneur de la Grève
et d'Issancourt, brigadier dans les gardes du corps du Roi,
compagnie de Lorges, puis major du régiment de Roye, cavalerie, mort au service sans postérité ;

7°. Nicolas de Beffroy, chevalier ;

8°. Ferri de Beffroy, chevalier ;

} officiers de cavalerie, tués à la
bataille de Seneff, le 11 août
1674, sans postérité.

9°. Marie de Beffroy, qui a épousé Robert *de Villiers*, chevalier,
seigneur de Barbaize.

VII. Jean DE BEFFROY l'aîné, chevalier, seigneur de
la Grève, de Sauceuille, de Saint-Marcel, etc., né au
château de la Grève le 2 mai 1642, suivit, comme
tous ses aïeux, la carrière militaire, et reçut, en 1673,
le brevet de capitaine commandant d'une compagnie.
Il est mort au service en la même année, par suite de
ses blessures. Par contrat du 10 avril 1662*, passé
devant Antoine Maugin, notaire au bailliage de Vitry,
en présence d'Antoine de Beffroy, son frère aîné (fondé
de pouvoirs de Nicole de Sandras, sa mère), de Louis
de Sandras, écuyer, seigneur de Pouilly, de François
de Fontaine, écuyer, seigneur de la Tour, et d'Antoine de Béronne, écuyer, seigneur de Colleison', Jean
de Beffroy épousa damoiselle Marie DE ROUCY, fille de
messire Salomon de Roucy (2), chevalier, seigneur de

DE ROUCY :
de gueules au
chou d'or.

---

(1) Production faite par la maison de Choisy, devant l'intendant
de Champagne, au mois de mars 1669.

(2) Issu des anciens comtes d'Arcies et de Montdidier, qui tiraient
leur origine d'Hilduin Ier, comte de Montdidier, d'Arcies et de
Rameru, vivant en 948, avec *Avoie*, sa femme, qui le rendit père
de deux fils, Hilduin IIe dont on va parler, et Manassès, mort
évêque de Troyes, en 993. Hilduin IIe, comte de Montdidier,
d'Arcies et de Rameru, fit le voyage de la Terre-Sainte, en 992, avec
Azon, abbé de Montier-en-Der. Il fut père de deux fils, Hilduin IIIe

(a) D'*Arbois* : d'azur, à la bande d'argent, accompagnée de 2 mou-
tons du même.

Maure, de Vrizy et autres lieux, et de dame Henriette
d'Escannevelles, sa première femme. Le même Jean
de Beffroy est rappelé, avec ses frères et sa sœur,
comme étant sous la garde noble de Nicole de Sandras,
leur mère, dans un acte de souffrance de fief que cette
dame obtint (1) de Robert d'Arras, chevalier, seigneur
d'Haudrecy. Le jugement de maintenue de noblesse,
du 20 juillet 1668, lui fut commun avec ses mêmes
frères (Antoine, Jean le jeune, Nicolas et Ferri de
Beffroy). Du mariage de Jean de Beffroy avec Marie de
Roucy, sont issus :

> 1°. Salomon de Beffroy, chevalier, seigneur de la Grève, de Logny,
> du Breuil, etc., né au château de la Grève le 15 mars 1664,
> nommé capitaine de cavalerie dans le régiment de Presle
> en 1695. Par contrat passé devant Canard, notaire à Guise,
> le 28 novembre 1702, il a épousé damoiselle Susanne *d'Hen-*
> *nezel* (a). Le 31 décembre 1712, Salomon de Beffroy a été
> nommé bailli provincial d'épée de Soissons ; le 11 janvier sui-
> vant, il a prêté serment en cette qualité, devant le parlement de

---

dont on va parler, et Manassès, que Charles d'Hozier, d'après
Blondel, donne pour auteur de la maison des comtes de Dammartin.
Mais un savant a réfuté cette opinion, et a établi que Manassès,
comte de Dammartin, était seulement neveu, par une sœur,
d'Hilduin II, comte de Montdidier. (*Art de vérifier les dates*, nouv.
édit. in-8°, tom. XI, pag. 435.) — Hilduin III, comte d'Arcies et
de Rameru, épousa, en 1030, *Lesceline*, dont il eut : — Hilduin IV,
comte d'Arcies et de Rameru, qui, le 23 mai 1050, eut l'honneur
d'assister à Reims, au couronnement de Philippe Ier, roi de France.
Il était marié, en 1060, avec Alix, comtesse *de Roucy*, héritière de
la Ire race, fille d'Ebles Ier, comte de Roucy et de Reims, petite-
fille du comte Gilbert, et arrière-petite-fille de Renaud Ier, comte
de Roucy et de Reims. C'est du mariage d'Hilduin IVe avec Alix,
comtesse de Roucy, que sont descendues toutes les branches de la
maison de Roucy (de la seconde race). L'aînée, apanagée du comté
de Roucy, s'est fondue par mariage, vers l'an 1190, dans la maison
de Pierrepont, qui, ayant relevé le nom de Roucy, a formé la 3e race
de ces comtes, et s'est éteinte en 1415. (Voyez le *tom*. 8e, pag. 862
à 875 de l'*Histoire des grands officiers de la Couronne*.) Le comte
Hilduin IVe était le 16e aïeul de Marie de Roucy, épouse de Jean
de Beffroy l'aîné, chevalier, seigneur de la Grève, de Sauceuille, de
Saint-Marcel et autres lieux.

(1) Cet acte n'est pas daté dans le procès-verbal de la recher-
che de M. de Caumartin. (Voyez le *Nobiliaire de Champagne*, grand
in-folio, à la Bibliothèque du Roi, coté L. 334. 5.)

(a) *D'Hennezel* : de gueules, à 3 glands d'argent.

Paris ; et, le 16 juin même année, ses provisions ont été enregistrées au greffe du bailliage et au bureau des finances de Soissons. Pierre de Beffroy, oncle de Salomon, lui a donné, par testament du 24 juillet 1702, la baronnie de la Hérie près Guise ; il en a pris le titre, en a fait le relief, et en a payé les droits à S. A. S. monseigneur le prince de Condé, duc de Guise, le 3 octobre 1705. Il n'a pas eu d'enfants et est mort à la Hérie le 24 août 1720 ;

2°. Robert de Beffroy, chevalier, seigneur de la Grève, de Servion, etc., né au château de la Grève en 1665, capitaine au régiment de Guienne, infanterie, marié avec damoiselle Marie-Françoise *de Bouteville* (a), avec laquelle il est allé demeurer à Sanse-Champenoise, près Rethel, où il est mort en 1714. De ce mariage il a laissé un fils et une fille, dont les noms suivent :

    A. Henri-Eléonor de Beffroy, chevalier, seigneur de la Grève et de Servion, né au château de la Grève en 1711. Après avoir été surnuméraire dans l'une des compagnies des mousquetaires, il a été nommé, par brevet du 1er janvier 1734, capitaine dans le bataillon de milice de *Danois*, dans la généralité de Soissons. En la même année, il a été tué à la prise des lignes de Weissembourg, et n'a point laissé de postérité.

    B. Marie-Anne de Beffroy, née en 1706, qui a épousé Jean-Pierre *de Brodart* (b), écuyer, seigneur de Sauceuille, auquel elle a survécu ; elle est décédée en son château de Sauceuille le 11 juin 1783.

3°. Charles-Acham, qui a continué la descendance ;

4°. Nicole de Beffroy, décédée en bas âge.

VIII. Charles-Acham DE BEFFROY, chevalier, seigneur de la Grève, de Saint-Marcel, d'Haudrecy, de Vrizy, de Vaux, de Havy, d'Herbigny, baron de la Hérie près Guise, né au château de la Grève, paroisse de Saint-Marcel, le 9 octobre 1668, est entré au service sous-lieutenant dans le régiment de Navarre, infanterie, par brevet du 5 juillet 1687 ; il a été nommé lieutenant dans le régiment de Vendôme le 7 avril 1689, puis capitaine-commandant dans le même régiment le 1er décembre 1691. Dans le cours des trente années que Charles-Acham de Beffroy a servi le Roi, il s'est trouvé, en 1689, au siége de Bonn, sous les ordres du comte d'Asfeldt, et y fut blessé très-dangereusement. Il a fait

---

(a) *De Bouteville* : d'argent, à 5 fusées de gueules en fasce.

(b) *De Brodart* : d'azur, à 3 fasces d'argent ; au sautoir de gueules, brochant sur le tout.

les campagnes en Piémont avec M. de Catinat, général de l'armée d'Italie, et a partagé honorablement les dangers de plusieurs siéges et batailles, sous le commandement de M. le duc de Vendôme. Par contrat passé devant Faucheron, notaire à Chémery-sur-Bar, près Sedan, le 10 avril 1709, Charles-Acham de Beffroy a épousé damoiselle Anne-Susanne D'ARGY, décédée au château de la Grève le 2 novembre 1744, fille de Charles-Louis d'Argy, seigneur de Villiers-devant-Raucourt, près Sedan, ancien lieutenant-colonel du régiment de Gesvres, cavalerie, et de Marie-Madelaine de Lisogne. Le 5 septembre 1704, il a rendu foi et hommage et a fourni aveu et dénombrement, en sa qualité de seul seigneur de la terre de la Grève, à messire Acham d'Arras, seigneur d'Haudrecy; a acquis, le 25 janvier 1712, de Françoise-Adrienne de Chastillon-d'Harzillemont, veuve de Claude de Rimbert, le quart de la seigneurie d'Haudrecy, et le tiers de la mouvance de la Grève; et, par rapport à cette dernière acquisition, il a rendu, le 29 mai 1720, foi et hommage au comte d'Agénais, marquis de Montcornet. En récompense de ses services militaires, Charles-Acham de Beffroy a été nommé, le 18 décembre 1720, bailli provincial d'épée du Soissonnais. Le 24 janvier 1721, il a prêté serment en cette qualité devant la cour du parlement de Paris, et, le 25 avril suivant, ses provisions ont été enregistrées au bailliage et au bureau des finances de Soissons. Le même Charles-Acham de Beffroy, par suite de plusieurs successions collatérales, est devenu, en 1735, propriétaire de la totalité de la terre de la Hérie; et, le 11 juin 1736, il a rendu foi et hommage, avec aveu et dénombrement de cette terre, à S. A. S. Mgr. le prince de Condé, duc de Guise. Charles-Acham de Beffroy est décédé au château de la Grève le 10 juillet 1743, et a été enterré le lendemain dans l'église de Saint-Marcel, en la chapelle de Saint-Ponce. De son mariage avec Anne-Susanne d'Argy sont issus :

1°. Charles-Louis de Beffroy, chevalier, seigneur de la Grève de Saint-Marcel, d'Haudrecy, etc., né au château de Villiers-

devant-Raucourt le 18 octobre 1711. Il a été nommé, le 21
septembre 1743, bailli provincial du Soissonnais, en rem-
placement de Charles-Acham de Beffroy, son père, décédé.
Il est mort, sans postérité, au château de la Grève, le 19
février 1774;

2°. Jean-Baptiste, dont l'article viendra;

3°. Philippe-Louis de Beffroy, chevalier, seigneur de la Grève,
de Saint-Marcel, d'Haudrecy, etc., né au château de la
Grève en 1714, capitaine de Grenadiers-Royaux, chevalier de
l'ordre royal et militaire de Saint-Louis, tué au siége de
Berg-op-Zoom le 20 août 1747. Il n'a pas eu de postérité;

4°. Antoine-Marie de Beffroy, chevalier, seigneur de la Grève,
de Saint-Marcel, d'Haudrecy et du Breuil, né au château de
la Grève en 1729. Il est entré au régiment d'Orléans, infanterie, en qualité de sous-lieutenant, en 1742; a été
nommé capitaine de grenadiers en 1751; a reçu la croix de
l'ordre de Saint-Louis, en 1759; et, après avoir été nommé
commandant de bataillon dans le même régiment, en 1775,
il s'est retiré pensionnaire de l'état, avec le grade de lieutenant-colonel, en 1778. Antoine-Marie de Beffroy est décédé,
sans enfants, au mois de février 1800. Il avait épousé, d'abord
en 1754, damoiselle Louise-Angélique-Charlotte *de Chartognes* (a), décédée à Charleville en 1792. Il s'est marié,
en secondes noces, en 1797, avec damoiselle Adélaïde-
Madelaine *de Flavigny* (b), de Charmes, près la Fère;

5°. Marie-Madelaine de Beffroy, dame de la Grève et de Saint-
Marcel, née à Villiers-devant-Raucourt en 1710, mariée,
en 1749, avec Nicolas-Louis *du Bois* (c), chevalier, seigneur
d'Escordal, de Juzancourt, de Justine, d'Herbigny, etc.,
ancien capitaine au régiment de Touraine, infanterie, mort
au château d'Escordal, le 23 novembre 1761. Marie-Madelaine
de Beffroy de la Grève est décédée, sans enfants, au même
château d'Escordal, le 5 avril 1783;

6°. Marie-Isabelle-Michelle de Beffroy, dame de la Grève et de
Saint-Marcel, née au château de la Grève en 1718, entrée
au couvent du Saint-Sépulcre de Charleville, comme pensionnaire. Admise ensuite au noviciat, elle fit sa profession
religieuse, en qualité de chanoinesse régulière, en 1738 :
fut élue plusieurs fois prieure de cette maison, et y est
décédée en juillet 1790;

7°. Trois filles, mortes en bas âge.

IX. Jean-Baptiste DE BEFFROY, chevalier, seigneur
de la Grève, de Saint-Marcel, d'Haudrecy, etc., né
au château de la Grève le 28 décembre 1712, est
entré, le 1er janvier 1727, dans une compagnie de cadets

(a) *De Chartognes* : de gueules, à 5 annelets d'argent.

(b) *De Flavigny* : échiqueté d'or et d'azur.

(c) *Du Bois d'Escordal* : d'argent, à 5 mouchetures d'hermine de
sable, 3 et 2.

gentilshommes en garnison à Cambray. Il vint ensuite
à la citadelle de Metz, où toutes les compagnies de
cadets-gentilshommes ont été réunies. Après avoir pro-
fité, pendant plusieurs années, de l'instruction militaire
de cette école, il en sortit, le 1er juin 1733, pour entrer,
avec le grade de lieutenant, dans le bataillon de milice
de Marthon, généralité de Tours. Le 15 août 1734, il a
été nommé lieutenant titulaire dans le régiment d'Orléans, infanterie, et a prêté serment en cette qualité, le
25 septembre suivant, à Parme, entre les mains du
sieur de la Villeheurnois, commissaire provincial des
guerres, servant à l'armée d'Italie. Il est passé au grade
de capitaine dans le même régiment le 3 décembre
1740, et a reçu la croix de l'ordre royal et militaire
de Saint-Louis, le 4 avril 1747, à la suite des blessures graves qu'il avait reçues, tant à la bataille de
Raucoux qu'à celle de Laufeldt, où il eut la jambe
droite fracassée par un coup de feu. Promu au rang
de capitaine de grenadiers dans le même régiment,
le 1er septembre 1755, avec l'expectative d'un grade
supérieur donnée par le comte d'Argenson, ministre
de la guerre, M. de Beffroy se vit presque tout à coup,
par le délabrement de sa santé, forcé de renoncer aux
justes espérances que lui offrait sa carrière; il se re-
tira, le 11 février 1757, avec une modique pension.
Nommé grand bailli d'épée du Soissonnais, par provisions du 7 juin 1769, il a prêté serment en cette
qualité devant la cour du parlement de Paris le 16
du même mois. En exécution d'une lettre close du Roi,
du 24 janvier 1789, il a convoqué et présidé à Soissons,
le 27 avril suivant, l'assemblée des trois ordres réunis
pour l'élection des députés à envoyer aux états-géné-
raux tenus à Versailles. Par contrat passé devant Jeune-
homme, notaire à Reims, le 31 octobre 1750, Jean-
Baptiste de Beffroy a épousé damoiselle Marie-Rose-
Françoise DES LAIRES, décédée à Charleville le 4 mai
1778, fille de Charles des Laires, chevalier, seigneur
de Gernicourt, de la Francheville et autres lieux, chevalier de l'ordre royal et militaire de Saint-Louis,
capitaine-commandant d'une compagnie de canonniers

au régiment Royal-Artillerie, et de Jeanne-Rose Hourlier de Méricourt. Jean-Baptiste de Beffroy est décédé au château de la Grève le 10 août 1801. Il a eu de son mariage :

1°. Charles-Jean-Baptiste-Marie, dont l'article suit ;
2°. Charles-Louis-Marie de Beffroy, chevalier, seigneur de la Grève, de Saint-Marcel, et d'Hardoncel, né à Reims, le 22 septembre 1754, mort à Charleville le 25 juillet 1792, sans postérité ;
3°. Louis-Antoine de Beffroy, chef actuel d'une nouvelle branche DE BEFFROY DE LA GRÈVE, dont l'article viendra.

X. Charles-Jean-Baptiste-Marie DE BEFFROY D'HARDONCEL, chevalier, seigneur de la Grève, de Saint-Marcel, d'Hardoncel, de Bollemont, de Remilly, d'Haudrecy, etc., né à Reims, le 23 juin 1753, capitaine dans le régiment de Bourbon, dragons, a épousé, 1°. par contrat passé le 3 novembre 1781, devant Delahaut, notaire à Carignan, damoiselle Louise-Françoise-Charles DE VISSEC DE LA TUDE, décédée à Charleville le 17 octobre 1797, fille de Henri de Vissec de la Tude, ancien capitaine de cavalerie, chevalier de Saint-Louis, et de dame N...... Carion de Nisas ; 2°. par contrat du 9 avril 1798, passé devant Forest, notaire à Charleville, damoiselle Marie-Louise-Josephine DE LA MAJORIE DE SOURSAC, fille du baron de la Majorie-de-Soursac, ancien capitaine d'infanterie, chevalier de l'ordre royal et militaire de Saint-Louis, et de dame N........ de Gain de Montagnac. Charles-Jean-Baptiste-Marie de Beffroy d'Hardoncel est décédé à Laon le 27 mars 1823. Il a eu pour enfants ;

DE VISSEC.
écartelé d'arg
et de sable.

DE LA MAJORE
d'azur, à la ba
d'or.

Du premier lit :

1°. François-Marie, dont l'article viendra ;
2°. Antoine-Ferdinand de Beffroy d'Hardoncel, dont la postérité sera rappelée après celle de son frère aîné ;
3°. Jeanne-Marie-Henriette de Beffroy d'Hardoncel, née au château d'Hardoncel le 6 février 1784, mariée, 1°. le 25 octobre 1804, avec Charles-Marie-Christophe *de Bignicourt* (a), décédé au château d'Euilly, le 1er mai 1806; 2°. le 10

(a) *de Bignicourt* : d'azur, à la fasce d'argent, chargée de 3 merlettes de sable.

février 1824, avec Louis-Pierre-Henri-Philogène *de Berthet* (*a*), propriétaire à Branscourt, près Jonchery-sur-Vesle (Marne);

4°. Louise-Angélique-Charlotte de Beffroy-d'Hardoncel, née et décédée au château d'Hardoncel, le 18 et 20 juillet 1789.

Du second lit :

5°. Alexandrine-Henriette-Françoise de Beffroy-d'Hardoncel, née au château de la Grève, le 2 avril 1803, mariée le 15 mai 1825, avec Charles-François *Bigault de Parfonrut* (*b*), chevalier, domicilié au Four-de-Paris, commune de Vienne-le-Château, arrondissement de Sainte-Menehould (Marne.)

XI. **François-Marie DE BEFFROY D'HARDONCEL**, chevalier, seigneur de la Grève, de Saint-Marcel, d'Hardoncel, de Bollemont, de Remilly, d'Haudrecy, etc., né au château d'Hardoncel, paroisse de Remilly, le 16 août 1785, a épousé, le 11 juillet 1813, damoiselle Madelaine-Marie-Félicité **NONNON-DE-SAINT-MARCEL**, fille de Jean-Baptiste-Hubert Nonnon-de-Saint-Marcel, et de Félicité Duvignaut. François-Marie de Beffroy d'Hardoncel est mort en son château d'Hardoncel le 10 août 1820, et a laissé de son mariage les quatre enfants dont les noms suivent :

   1°. Charles-Marie-Henri de Beffroy d'Hardoncel, né à Saint-Marcel le 20 août 1814 ;

   2°. Louis-Hubert de Beffroy d'Hardoncel, né au château d'Hardoncel en juin 1819 ;

   3°. Louise-Théodorine-Émilie de Beffroy d'Hardoncel, née à Saint-Marcel le 14 mars 1816 ;

   4°. Cécile-Augustine-Henriette de Beffroy d'Hardoncel, née au château d'Hardoncel en octobre 1817.

XI. **Antoine-Ferdinand DE BEFFROY D'HARDONCEL**, chevalier, second fils de Charles-Jean-Baptiste-Marie de Beffroy d'Hardoncel, et de Louise-Françoise-Charles de Vissec de la Tude, seigneur de la Grève, de Saint-Marcel, d'Hardoncel, de Bollemont, de Remilly, d'Haudrecy, etc., né au château d'Hardoncel le 9 avril 1787, agréé pour être chevalier de l'ordre de

---

(*a*) *de Berthet* : d'azur, à 5 lionceaux d'or.

(*b*) *Bigault de Parfonrut* : d'azur, à 3 loups passants d'or, chacun surmonté d'une étoile d'argent, les deux en chef affrontés.

Saint-Jean de Jérusalem, est entré au service dans les gendarmes d'ordonnance formés à Mayence en 1805. Après le licenciement de ce corps, il est passé dans les dragons de l'Impératrice, et a fait toutes les campagnes d'Espagne et de Prusse, jusqu'en 1811, époque à laquelle il fut nommé sous-lieutenant dans le douzième régiment de chasseurs à cheval. Le corps d'armée dont ce régiment faisait partie combattit à Wilna; et, sur le champ même de cette bataille, il fut assailli par six cents cavaliers russes auxquels le faible détachement qu'il commandait ne put résister, quoi qu'il se fût défendu avec une rare intrépidité. Dans la chaleur de cette action, Antoine-Ferdinand de Beffroy fut atteint de vingt-trois coups de lance, dont un lui traversa entièrement le corps, à la hauteur de la poitrine. Ses blessures le firent considérer comme mort et laisser pour tel sur le champ de bataille. N'ayant pu obtenir le parfait rétablissement de sa santé, il a été obligé de quitter le service; et, à la fin de 1813, une pension de retraite proportionnée à son grade lui a été accordée. Le 24 janvier 1815, il a épousé, par contrat passé devant Marguet, notaire à Reims, damoiselle Louise-Sophie Prévost de Vaudigny, fille de N........Prévost de Vaudigny, ancien procureur du roi à Fismes, et trésorier de France, et de dame N........Grévin, de Soissons. Immédiatement après son mariage, il a établi son domicile à Marfaux, canton de Ville, arrondissement de Reims. De ce mariage sont issus :

1°. Charles-Louis de Beffroy de Marfaux, né à Reims le 27 mars 1816;
2°. Marie-Clotilde de Beffroy de Marfaux, née à Marfaux le 11 mai 1817;
3°. Plusieurs enfants des deux sexes, morts en bas âge.

SECONDE BRANCHE ACTUELLE DE BEFFROY DE LA GRÈVE.

X. Louis-Antoine de Beffroy de la Grève, chevalier, seigneur de la Grève, de Saint-Marcel, d'Hardoncel, de Bollemont, de Remilly, d'Haudrecy, et autres lieux troisième fils de Jean Baptiste de Beffroy et de Marie-Rose-Françoise des Laires, né à Reims, paroisse Saint-Pierre, le 11 août 1756, est entré au service comme sous-lieutenant à la suite dans le régiment d'Orléans, infanterie, le 7 novembre 1771, et a été titulaire dans le même grade le 1er avril 1775, lieutenant en second le 3 juin 1779, et lieutenant en premier le 20 août 1781. Par contrat du 2 mars 1783, passé devant Huguin, notaire à Reims, Louis-Antoine de Beffroy a épousé damoiselle Marie-Apolline DE CHARPENTIER D'AUDRON, décédée au château de la Grève le 31 mars 1790, fille d'Anne-Louis-Alexandre de Charpentier d'Audron, ancien capitaine-commandant au régiment d'Orléans, infanterie, chevalier de l'ordre royal et militaire de Saint-Louis, demeurant à Laon, et de Marie-Charlotte Martin d'Arzilliers. Louis-Antoine de Beffroy est sorti de France en 1791, pour rejoindre les princes français; il a fait la campagne de 1792 à l'armée commandée, dans le pays de Liége, par S. A. S. monseigneur le duc de Bourbon, et s'est ensuite réuni à beaucoup de gentilshommes français qui ont défendu avec la plus rare valeur la ville de Maëstricht, assiégée en mars 1793. Il a ensuite servi dans le 3e régiment de cavalerie noble à l'armée de monseigneur le prince de Condé, où il a été nommé, le 31 août 1796, par S. M. Louis XVIII, chevalier de l'ordre royal et militaire de Saint-Louis. A la dissolution de l'armée de Condé, Louis-Antoine de Beffroy est rentré en France, et s'est fixé à Laon avec sa famille. Après avoir commandé la garde nationale de cette ville pendant sept ans, il en a été nommé maire par le Roi, à la restauration de 1814; et, en décembre 1815, il a été nommé conseiller de préfecture du département de l'Aisne; il a rempli ces honorables fonctions jusqu'au 5 avril 1827, époque à laquelle S. M. Charles X a eu la bonté de lui donner le plus jeune de ses fils pour successeur. Du mariage de Louis-Antoine de Beffroy de la Grève sont issus :

1°. Jean-Baptiste-Marie de Beffroy de la Grève, né à Laon le 26 janvier 1784, décédé en cette ville le 7 février suivant ;

2°. Charles-Louis, dont l'article viendra ;

3°. Alexandre-Théodore, dont la postérité sera rappelée après celle de son frère aîné ;

4°. Marie-Charlotte de Beffroy de la Grève, née à Laon le 13 mars 1787, mariée, le 4 mai 1818, avec messire Joseph-Godefroy, baron *de Romance* (*a*), ancien garde du corps du Roi, capitaine de cavalerie, chevalier de l'ordre royal de la Légion-d'Honneur, fils de Godefroi-Joseph, baron de Romance, seigneur d'Inaumont, de Taisy ; et autres lieux, capitaine au régiment de Colonel-Général, dragons, décédé, dans le cours de l'émigration, à Nottulen, diocèse de Munster, en Westphalie, le 27 mars 1797, et d'Elisabeth-Henriette Coquebert de Taisy, décédée à Reims le 7 octobre 1811.

XI. Charles-Louis DE BEFFROY DE LA GRÈVE, chevalier, seigneur de la Grève, de Saint-Marcel, d'Hardoncel, de Bollemont, de Remilly, d'Haudrecy, et autres lieux, né à Laon le 6 avril 1785, a épousé, le 10 septembre 1811, damoiselle Anne-Louise-Eléonore BRANQUETTE DE DOLIGNON, fille de François Branquette de Dolignon, seigneur de Dolignon, maréchal des logis de la gendarmerie de Lunéville, avec rang de lieutenant colonel de cavalerie, nommé chevalier de l'ordre royal et militaire de Saint-Louis en l'année 1785, décédé au château de Dolignon le 22 août 1809, et de Rose Pavost, morte au même château de Dolignon le 27 octobre 1825. De ce mariage sont issus :

BRANQUETTE DE DOLIGNON :

1°. Antoine-Louis-Rose de Beffroy de la Grève, né au château de Dolignon le 17 janvier 1813 ;

2°. Jean-Baptiste-Charles-Théophile de Beffroy de la Grève, né au château de Dolignon le 5 juillet 1814 ;

3°. Alexandre-Anne-Noël de Beffroy de la Grève, né au château de Dolignon le 25 décembre 1815 ;

4°. Charles-Marie-Alfred de Beffroy de la Grève, né et décédé au château de Dolignon les 19 et 22 mars 1822.

XI. Alexandre-Théodore DE BEFFROY DE LA GRÈVE, chevalier, troisième fils de Louis-Antoine de Beffroy,

---

(*a*) *de Romance :* Ecartelé, au 1 d'argent, au lion de sable ; aux 2 et 3 d'azur, semés de fleurs de lys d'or ; au canton d'argent, chargé d'une merlette de sable ; au 4 de gueules, à la quintefeuille d'argent.

et de Marie-Apolline de Charpentier d'Audron, seigneur de la Grève, de Saint-Marcel, d'Hardoncel, de Bollemont, de Remilly, d'Haudrecy et autres lieux, né à Laon le 31 janvier 1788, a épousé, par contrat passé le 8 septembre 1814, devant Dubois, notaire à Laon, damoiselle Jeanne-Alphonse DE MAUBEUGE, fille de Claude-François de Maubeuge, chevalier, seigneur de Champvoisy, de la Neuville-lès-Wasigny et autres lieux, garde du corps du roi, compagnie de Villeroy, décédé à Thierny-lès-Presles, canton de Laon, le 16 avril 1814, et de Marie-Françoise-Nicole-Noële de Branche de Seuil, propriétaire à Montchâlons, canton de Laon, où elle est décédée le 22 juillet 1822. Par ordonnance du Roi, du 5 avril 1827, Alexandre-Théodore de Beffroy a été nommé conseiller de préfecture du département de l'Aisne. De ce mariage sont issus :

1°. Alphonse-Louis-Noël de Beffroy de la Grève, né à Montchâlons le 25 octobre 1815, mort au même lieu le 4 mai 1816 ;
2°. Charles-Marie-Léon de Beffroy de la Grève, né à Montchâlons le 18 mars 1827 ;
3°. Joséphine-Marie-Olympe de Beffroy de la Grève, née à Montchâlons le 20 mai 1820 ;
4°. Louise-Adélaide-Sidonie de Beffroy de la Grève, née à Montchâlons le 21 avril 1824.

Il n'existe de la maison de Beffroy d'autres branches que celles mentionnées dans cette généalogie (1). Ainsi c'est par erreur que dans le tome 1er, pag. 267 et 268 de la *Biographie des hommes vivants*, imprimée à Paris, en 1816, chez M. Michaud, elle a été confondue avec une autre famille qui, quoique portant le même nom et habitant le département de l'Aisne, lui est entièrement étrangère.

---

(1) Nous n'avons pu, faute de renseignements, donner l'état actuel de la branche aînée de cette maison. Mais, si ces renseignements nous parviennent, nous nous empresserons de les mentionner en supplément, dans le plus prochain volume de cet ouvrage.

www.ingramcontent.com/pod-product-compliance
Lightning Source LLC
Chambersburg PA
CBHW061149050726
47594CB00005B/2332